CONSIDÉRATIONS
POLITIQUES
SUR LE RETOUR
DE NAPOLÉON.

PAR A.... M.... *Antoine Madrolle, avocat à Dijon*

« La pensée d'un citoyen doit être
» libre comme sa personne même. »
(Mr CARNOT, Ministre de l'intérieur, à
M^r le Préfet de...., le 8 mai 1815.)

A DIJON,

Chez GAULARD, Libraire, place Notre-Dame;

Et se trouve A PARIS,

Chez les Marchands de nouveautés.

1815.

CONSIDÉRATIONS
POLITIQUES
SUR LE RETOUR
DE NAPOLÉON.

Tout le monde est dans la crainte. Les êtres les plus individuels sont forcés de faire abnégation de leurs propres intérêts pour jeter un regard de douleur sur les événemens politiques. Jeune encore, j'ose me placer en quelque sorte au-dessus de tout ce que la providence donne en spectacle aux hommes, et j'offre à mes concitoyens des considérations propres à jeter quelque clarté dans la nuit des événemens et des hommes actuels.

Un point de fait que je défie personne de raisonnablement contester, c'est que, dans les temps les plus désastreux de la France, tous les maux ont été le résultat de la division des Français; et cette division a trouvé elle-même sa source dans l'ambition et l'orgueil d'une ou plusieurs des classes de la société.

Pour ne pas remonter à des temps antérieurs à 1789, à cette époque le clergé et la noblesse, dont la majorité eut sans doute des vues louables, étaient parvenus, soit par leur morgue, soit par leurs richesses, soit par leur corruption, à indisposer contr'eux une grande partie de la nation.

Ici je ne prétends pas justifier l'insurrection nationale qui se manifesta contre ces deux classes importantes et par l'objet de leur institution, et par les talens et les vertus d'un grand nombre de leurs membres.

Sans doute qu'en général les nobles et les ecclésiastiques avaient insensiblement abandonné les bases essentielles de leur état. Les premiers avaient cessé de déceler ce caractère de chevalerie et de loyauté qui se trouve dans leur origine. On cherchait vainement dans les autres cette abnégation de soi-même, fondement du christianisme dont ils avaient pour objet de démontrer la vérité et les avantages, autant par l'exemple de leur conduite que par la force de leurs discours.

Le temps et les lumières depuis le quinzième siècle avaient tout changé. L'institution de la noblesse, comme *ordre*, avait cessé d'être *utile* à l'état. Cet ordre était utile dans ces vieux temps de la monarchie, où le régime de la féodalité avait fini par établir que le métier des armes était plus spécialement attaché à la noblesse. Chaque seigneur payait non-seulement de sa personne, mais encore de tous ses vassaux qu'il entraînait à la guerre avec lui et à ses frais. Mais, depuis l'abolition de la *féodalité* proprement dite, les

Français étaient généralement sortis de l'ignorance et de l'esclavage, et s'étaient individualisés : cela fut absolument vrai sous les règnes de Louis XIV et de ses successeurs, où des militaires, et de grands militaires, sortis de tous les rangs de la société, prédominèrent bientôt les *nobles* dans les armées. (1) Le principe de la noblesse n'existait donc plus. La noblesse, comme ordre, avait donc cessé d'être *utile*. Or, un ordre *inutile* ne peut que devenir funeste à l'état.

À l'égard du clergé, comme *ordre*, il était aussi devenu inutile. Le progrès des lumières avait à son égard préparé un état de choses où les Français ne pouvaient plus rester trop subordonnés aux ecclésiastiques. Sans doute que leur influence, bien dirigée, ne pouvait que favoriser les mœurs; mais le temps use les institutions comme les hommes, et le clergé était généralement arrivé à ce point où l'abus enlève à la chose tous les avantages qu'elle a de sa nature.

Mais de ce que d'aussi belles institutions que celles qui ont pour but le maintien de la morale et de l'honneur, avaient dégénéré, fallait-il indistinctement les anéantir? ne pouvait-on pas les réformer? n'y avait-il pas au moins des ménagemens à prendre dans le mode de les détruire?

---

(1) Depuis 1789 la chose est encore plus manifeste, si l'on veut prendre en considération le dévouement vraiment patriotique de toutes les classes, dans ces circonstances terribles où la patrie a fait de grandes pertes et réclame de grands secours de ses enfans.

J'en appelle à tous les hommes que la réflexion a appris à juger les évènemens, et je m'abstiens de toute autre raison.

D'un seul mot, j'apprécie cette révolution de la France: compulsez tous ses actes, vous les verrez tous, aussi bien que la destruction de la noblesse et du clergé, frappés au coin de cette fausse raison qui consiste à détruire la chose, parce que la chose a son inconvénient.

Disons-le donc, la noblesse et le clergé ont eu des torts; mais disons aussi : le reste des Français a eu les siens.

Ici se présente une très grande vérité; je la puise dans le cœur humain, et tous les Français aujourd'hui la proclameront avec moi : Nos malheurs, depuis 1789, ne sont pas le fruit d'hommes vraiment méchans (1). Il y avait des partis; chacun d'eux avait son but; mais chacun d'eux n'agissait que dans la conviction intime qu'il était attaché à la bonne cause, c'est-à-dire à celle qui devait avoir pour résultat la tranquillité et le bien-être de la nation.

Ainsi, la noblesse et le clergé croyaient travailler au bien public, en unissant leurs efforts pour le maintien des principes et des bases de la vieille monarchie. Ils se croyaient autorisés des leçons de l'histoire et de l'ex-

---

(1) On sent que je dois faire abstraction de quelques hommes particuliers qui, dans chaque parti, n'ont eu d'autre bien que le trouble, et d'autre vœu que leurs intérêts personnels.

périence, lorsqu'ils s'opposaient aux innovations républicaines. Ils pensaient, avec beaucoup de grands hommes de toutes les nations, qu'il valait mieux souffrir des abus anciens et invétérés, que de se plonger dans le chaos des chances et des nouveautés.

Ainsi, les républicains, pleins d'un zèle sincère pour les idées libérales, ne déclamèrent contre la noblesse, que parce qu'ils voyaient, à travers le prisme de leur imagination, le bonheur de la France dans un gouvernement exclusif de l'inégalité des rangs; et contre le clergé, que parce qu'ils le considéraient comme la source de beaucoup de préjugés préjudiciables, soit aux progrès des lumières, soit à l'égalité qu'ils voulaient établir.

La république sous diverses formes, s'est éclipsée presqu'à son aurore : cela devait être. Qu'une république puisse subsister chez de petits peuples ou dans une nation naissante, on le conçoit. On a vu les Grecs s'organiser en petites républiques, et résister à de grands empires. Rome, restreinte à une portion de l'Italie, comporta pendant un certain temps un gouvernement populaire. Encore ces républiques furent-elles continuellement troublées par des factions. Dans nos temps modernes, la Hollande et Genève se sont maintenues, pendant quelques siècles, sous un régime républicain, et la Suisse est encore aujourd'hui gouvernée de la même manière. Mais les annales du monde n'offrent aucun exemple d'une république chez un peuple considérable par son étendue, et la France a confirmé, à cet égard, l'expérience, en laissant tomber presque de lui-même un gouvernement qui n'avait brillé pendant quelques années que par le sang qu'on avait répandu, ou par les espérances de bonheur dont nous fesaient illusion ses partisans.

Notre république fit place à une monarchie plus absolue assurément que ne le fut jamais celle qui avait été l'occasion et le théâtre des innovations. Le gouvernement impérial calma des factions qui tourmentaient encore la France, et ramena bientôt presque tous les esprits autour de lui pour leur donner une direction tout à fait militaire.

Ici se présentent des réflexions importantes sur un homme qui fixe, depuis quinze ans sur-tout, l'attention de tout le monde connu, et que la postérité seule sera en état de juger. Quoi qu'il en soit, on peut dès à présent, en faisant abstraction de tout intérêt particulier, devancer l'arrêt des siècles à venir : la philosophie a eu de tout temps le droit de s'occuper des hommes que les circonstances ont mis à portée de fixer le sort des peuples.

Napoléon ne fut point usurpateur, si la nation a consenti expressément ou implicitement à son élection. Que Louis XVI ait été injustement condamné, voilà un fait que les plus francs républicains laissent aujourd'hui proclamer, et que leur silence seul suffit pour attester. Mais enfin, le mal était fait; l'erreur, s'il est vrai que ce ne soit qu'une erreur, avait été commise, et le trône était vacant puisque le peuple français demandait à grands cris le terme du gouvernement intermédiaire, qui n'était véritablement qu'une sorte d'anarchie, ou au moins un gouvernement provisoire. Les parens de Louis XVI n'avaient alors de droits que ceux que leur eût renouvelés la nation. La raison en est incontestable, et il est vraiment étonnant que cette question ait été et soit encore l'objet de tant de controverse. Le principe de l'hérédité du trône n'a pu être admis que dans l'intérêt des peuples, et pour leur éviter des troubles inévitables dans le système électif; et jamais dans l'intérêt de la famille régnante; sans quoi il faut admettre que tout un peuple est fait pour l'avantage d'un individu; ce qui est une absurdité. Il appartient donc à un peuple de se donner un souverain étranger à la famille actuellement régnante, si le changement de dynastie est réclamé par le vœu réfléchi des sujets. Il existe, entre un gouvernement quelconque, et ceux qui sont gouvernés, un vrai contrat synallagmatique, par suite duquel le souverain et les sujets sont assujettis respectivement à des obligations. Si le souverain manque essentiellement aux siennes, la convention cesse d'être obligatoire pour les sujets. Sous ce rapport le peuple a été injuste envers Louis XVI: mais enfin, comme nous l'avons dit, le mal était fait, et il était libre à la France d'adopter un nouveau chef.

Napoléon ne fut donc point usurpateur à l'égard des droits d'autres princes au trône de France. Le fut-il sous le rapport des droits de la nation en elle-même? Sans doute, lorsqu'il est venu dissiper le directoire et prendre le timon des affaires, la France, en corps, ne l'y avait point nominativement appelé. Mais on peut prouver, l'histoire à la main, qu'il a ce mode d'accession à la couronne de commun avec la plupart des souverains qui ont gouverné les nations; et le poëte a été historien, quand il a dit : « *Le premier qui fut roi fut un soldat heureux.* »

Si Napoléon n'a pas eu l'assentiment, je ne dirai pas de la nation entière, mais d'une sorte de majorité, son droit a pu se légitimer par la sagesse de son gouvernement : voilà le point de mire de la grande question de la légitimité des rois.

Au premier abord, Napoléon sembla légitimer ses droits de cette manière. La France, qui commençait à se tranquilliser au dedans, avait encore à repousser et à calmer les vagues au dehors. Les premières vues du monarque devaient donc naturellement se porter vers un plan militaire capable de donner à la France la paix dont elle avait besoin. D'un autre côté, depuis un siècle, les nations de l'Europe s'étaient insensiblement assujetties à une sorte de régime militaire que leur concurrence réciproque avait semblé rendre nécessaire. Napoléon devait donc encore ne pas négliger un point devenu malheureusement le besoin d'un peuple même pacifique, lorsqu'il veut consolider sa tranquillité.

Mais ce souverain, agrandissant par ses succès ses projets d'envahissement, et secondé d'ailleurs par l'ivresse et l'attachement des braves accoutumés à vaincre, sortit des bornes que les facultés d'un peuple doivent nécessairement mettre à un système militaire. Il se rendit bientôt dominateur réel ou moral de presque toute l'Europe.

La France semblait jusque-là tout pardonner au talent de son maître; et la génération actuelle, qui n'avait guère entendu parler que de gloire, s'aveuglait au point de ne voir que le côté brillant des conquêtes.

Cependant la guerre entraîne après elle tant de sacrifices et de désastres de toute espèce, qu'on ne doit jamais la faire que pour repousser des prétentions essentiellement injustes, ou pour réclamer des droits essentiellement légitimes.

Napoléon s'est-il trouvé dans cette conjoncture? n'a-t-il usé du glaive que selon les principes du droit des gens? ne l'a-t-il considéré que comme le moyen extrême de maintenir les bases du droit politique, sans lequel les sociétés ne font que paraître et disparaître? n'a-t-il jamais sacrifié inutilement pour la France les générations et les richesses nationales?

Ici, sans doute, la discussion devient délicate. Il semble qu'il ne soit pas permis aujourd'hui de s'expliquer sans restriction à cet égard. Il fut un temps où les circonstances politiques devinrent l'occasion d'un système presque combiné de dénigration, et qui conséquemment ne pouvait qu'être injuste. D'un autre côté, mon intention n'est pas de faire ployer ma plume à un autre système qui consiste à tout louer dans l'homme qui frappe en ce moment l'attention universelle; il est rare que les choses ainsi que les hommes se prêtent en tous points à des opinions absolues.

Libre, cherchant la vérité seule, n'ayant d'autre intention que celle d'apprécier justement l'époque où nous nous trouvons, convaincu que Napoléon lui-même ne veut aujourd'hui, comme il n'a jamais voulu, que la paix et le bonheur de la France, j'ose lui dire sans crainte ici ce que sa présence ne saurait me faire taire, si j'avais à m'expliquer devant lui. Quand on n'a voulu dire que la vérité à un roi, sans avoir en même temps l'intention de le couvrir d'opprobre, ce roi n'a jamais pu se plaindre. Les princes sont nés pour le bonheur des sujets; ils sont placés, ainsi que l'a dit leur maître sacré, sur des trônes, comme pour voir de plus loin les besoins, et comme pour entendre mieux les vœux des peuples qu'ils sont appelés à gouverner, et les conseils de la sagesse des hommes de toutes les nations.

Napoléon, plus instruit par un an d'adversité que par vingt ans de louanges et de victoires, est sans doute aujourd'hui plus disposé que jamais à tout écouter de la part des sujets qu'il est peut-être encore toujours appelé à gouverner.

Le génie n'est pas exclusif de l'humanité et des erreurs : oui, Napoléon a commis des fautes ; il a commis des grandes fautes. Mon intention n'est point ici de scruter tous les points de son règne ; mais une considération générale suffira pour établir ce que j'avance à cet égard.

C'est son système militaire qui a fait son malheur et le nôtre. J'en suis intimement convaincu : Napoléon, en se voyant comblé de succès, en voyant la fortune en quelque sorte à ses ordres, après avoir, pour me servir de l'expression du temps, *organisé la victoire*, a eu lieu de se croire appelé par la providence à de grandes choses pour arriver au bonheur de tous les peuples. Plus grand génie qu'Henri IV sous quelques rapports, il a pu, comme lui, combiner le plan d'un système de paix et de justice universelles, d'après les idées de Newton, de Bossuet, de l'abbé de S.-Pierre, de Jean-Jacques, de Mr de Saint-Simon et de plusieurs autres. Une pareille combinaison est digne d'éloges : il est beau de voir un homme sortir en quelque sorte de la sphère humaine, et marcher à l'immortalité par une voie aussi imposante et aussi philantropique. Mais avant de tenter l'exécution d'un projet de cette nature, Napoléon devait éprouver, sinon le vœu des grands hommes de la nation, du moins celui de ses meilleurs conseillers. Il devait surtout mûrir lui-même ses réflexions, et il n'eût pas sans doute tardé à reconnaître l'impossibilité de l'exécution. Un système de paix universelle, au moyen d'un centre commun, est incompatible avec la nature de l'homme. Exiger constamment d'eux la justice et la tranquillité, c'est méconnaître le cœur humain, c'est fermer les yeux sur l'expérience de tous les siècles et de toutes les nations. Aussi, quand nos grands moralistes conçurent l'idée de la paix universelle, ils ne s'avisèrent pas de la conseiller aux souverains, et ne firent guères que des vœux à cet égard; et, s'il est vrai que quelques-uns d'entr'eux en virent réellement l'exécution dans les choses possibles, les souverains ne doivent juger ces brillantes imaginations que comme des *utopies* du génie des hommes de bien et des sages.

L'Angleterre a adopté un plan de domination injuste. La mer est *la grande route des nations*, pour m'expliquer selon un publiciste; elle doit être libre comme les nations et les hommes. La position insulaire de la Grande-Bretagne lui donne sans doute de grands avantages naturels sur les autres puissances; mais elle ne doit pas en profiter pour se les rendre tributaires. Son opiniâtreté sur ce point frappe le monde entier; elle a dû étonner l'homme qui rêvait la paix universelle. Mais ses moyens pour y parvenir consistaient à maîtriser lui-même tous les souverains et tous les peuples européens : ses moyens étaient donc injustes. Napoléon, après avoir calmé les factions de la France, après l'avoir ensuite organisée intérieurement, pouvait peut-être, par une puissance d'opinion, engager les autres peuples à se liguer contre l'injustice de l'Angleterre; mais il ne le pouvait jamais par une puissance de force.

Son système l'avait en quelque sorte obligé de régner en maître absolu sur la France. Les constitutions étaient souvent violées. Des actes du pouvoir exécutif empiétaient souvent sur la législation. La représentation nationale n'en avait guères que le nom; et le vœu de la France n'était généralement pas empreint dans les lois.

Napoléon aveuglé est tombé avec son système philosophique.

La ligue européenne fut l'occasion du rétablissement des Bourbons, sortis de la France depuis les malheurs de Louis XVI. En général, on ne pensait plus guères à eux. Des gens d'un certain âge, qui avaient été témoins et même victimes de la révolution de 1793, déploraient, mais en silence, l'exil de ces princes infortunés. Mais, depuis vingt-cinq ans, les gouvernemens successifs ayant prudemment fait en sorte que les livres ne s'occupassent plus de la race de nos anciens rois, la génération actuelle connaissait à peine l'existence de la fille, des frères et des neveux de Louis XVI. Aussitôt qu'on parla des Bourbons, la France se rappela leurs infortunes et leur bonté naturelle; et désespérant d'un homme qui avait fini par tromper son attente, elle se jeta sincèrement dans les bras de Louis XVIII.

Le gouvernement royal s'établit, et parut même se consolider. En général, les gens raisonnables se trouvaient satisfaits, parce que la paix commençait à sourire à tous les cœurs français. On voyait avec peine, sans doute, prédominer à la cour une classe qui n'est point sortie absolument pure de l'étamine révolutionnaire; on ne voyait pas sans douleur non plus une constitution généralement sage, implicitement transgressée par des ministres qui abusaient de l'autorité royale. Mais, comme il n'est pas de gouvernement absolument parfait, on savait se trouver heureux, en se rappelant la fin du gouvernement impérial, où les lois n'étaient souvent pas plus l'expression de l'opinion commune de la France.

Cependant Napoléon tramait dans le silence son retour en France, et le rétablissement de sa dynastie. Ce nouvel événement trouve sa cause dans l'ancien régime militaire qui avait, un an auparavant, causé la chute de son organisateur; et dans la faute des ministres de Louis XVIII, qui n'avaient pas su *ménager* les soldats. A ce mot, on se demande s'il est dans l'ordre des choses que des soldats soient à craindre pour un gouvernement que la nation avait fini par reconnaître. A ce mot, en même temps, on se rappelle aussi les cohortes prétoriennes qui, jadis à Rome, élevaient le plus offrant à l'empire, pour ensuite exterminer l'acheteur, et se donner le moyen d'en obtenir un nouveau. Que les militaires, s'il en est pour lesquels cet écrit ne reste pas inconnu, daignent m'écouter, et ils tomberont d'accord avec moi. Je commence par convenir que leurs fonctions sont essentiellement nobles : c'est dans les militaires que se trouvent et que doivent se trouver l'honneur et la gloire d'un pays. Je ne vois rien de plus digne de considération et d'éloges que ces hommes qui, après avoir fait le sacrifice de leurs familles et de leur patrie, vont mourir pour la défendre. Mais, en parlant de la défense de la patrie, j'indique déjà toutes les obligations des militaires. En effet, et ils doivent eux-mêmes être les premiers à en convenir, ils sont institués pour le maintien du repos public contre les agresseurs du dedans et du dehors. Ils ne doivent donc jamais agir que dans le sens de l'*opinion commune*. Ils sont, en un mot, essentiellement passifs à l'égard de cette *opinion* qui doit toujours être le mobile de leur action dans l'intérêt général. Si les militaires font corps à part avec le reste de la nation, ils dénaturent leur état, et tout est perdu. Voilà de ces choses incontestables démontrées par les annales du monde autant que par les lumières de la raison.

Je ne veux cependant pas dire que les militaires soient répréhensibles d'avoir favorisé le retour de Napoléon. Je voulais seulement prouver que si celui-ci n'avait, pour s'emparer du gouvernement, d'autres volontés que celle de l'armée, ses droits ne seraient pas légitimes. Mais se trouve-t-il dans cette position ? son pouvoir actuel n'est-il fondé que sur une force étrangère à l'*opinion commune?* enfin, doit-on aujourd'hui se réunir d'intérêts et d'efforts pour garantir son gouvernement de toute atteinte de la part des alliés européens ?

Il est certain qu'aujourd'hui, comme autrefois, Napoléon n'a pas eu seulement pour lui les forces militaires. Un grand nombre de Français lui a été et lui est resté constamment fidèle. Un autre grand nombre de Français consentira aussi à ce qu'il soit maintenu sur le trône, sous la condition qu'il abandonnera ses projets d'envahissement, et qu'il régnera *selon des lois régulièrement faites.* Leurs raisons, à cet égard, sont justes: Napoléon est incontestablement un homme de génie. Par ses connaissances, son activité, sa fermeté et sa politique, personne n'est plus capable que lui de tenir les rênes d'un état, et de le rendre heureux par les institutions qu'il a déjà ébauchées, et par celles que l'expérience peut encore lui avoir suggérées. Son système administratif est généralement bon. La division de l'administration en préfectures, sous-préfectures, cantons et communes, a produit des effets avantageux. Le corps administratif est devenu un tout dont toutes les parties étaient et sont encore parfaitement coordonnées. La police a été constamment bien faite, et la justice a été généralement bien rendue. L'agriculture et le commerce intérieur ont subi des améliorations. L'industrie a fait des progrès incalculables, et capables de montrer le degré de perfectionnement qu'elle peut atteindre avec le temps. En un mot, Napoléon, soit par lui, soit par ses ministres, a su faire tourner à bien la révolution. Il a mis à profit les éclairs de bien public qui s'étaient montrés dans le cours de nos orages politiques. Quels avantages ne pouvait donc pas procurer à la France un tel homme, s'il n'avait pas été attaché à son système contre la Grande-Bretagne ! Qu'on considère impartialement chacun des abus de son gouvernement, et l'on en trouvera la source dans ce malheureux système qui fut véritablement la cause médiate ou immédiate de tout l'arbitraire qui dominait à cette époque.

Voilà sans doute des considérations propres à faire désirer le maintien du gouvernement impérial, dans le cas où il serait certain que Napoléon, désabusé de son système militaire, ne voudrait régner que par des lois et de véritables lois.

Son retour a été signalé par beaucoup de décrets et de proclamations. Dans plusieurs de ces actes on trouve des vérités incontestées ; mais on y a remarqué généralement trop l'annonce de ce qu'on est convenu aujourd'hui de nommer *idées libérales*. Il n'est pas un gouvernement qui ne se soit appuyé sur des mots analogues, et ils n'en ont pas moins pour cela éludé toutes leurs promesses. Nous pouvons sans doute penser que l'intention de Napoléon est encore de faire le bien. Il est même à croire qu'il ne s'efforcera plus de nous le faire obtenir par des sacrifices de toute espèce ; et que, sage aujourd'hui par l'impression et le souvenir des cruels revers qui ont accablé la fin de son dernier gouvernement, il saura dorénavant modérer une ambition qui ne peut avoir pour terme que des maux. Il est à croire que l'âge refroidira aussi son ardeur guerrière. De nouveaux sénateurs, d'ailleurs, ne viendront plus lui dire sans rougir, et à la face de la nation, que la levée d'un million d'hommes, dans un peuple épuisé, n'est que *le luxe de la population*. Des ministres de la trempe de Mr Carnot sauront au contraire, par la fermeté et la sagesse de leurs conseils, lui faire abandonner des projets trop précipitamment adoptés. Le choix qu'il a fait d'un tel homme a lieu de rassurer la France, et la France aussi s'est empressée de ratifier ce choix. Il est beau de s'adjoindre, dans le succès, les personnes dont le dévouement était d'autant plus grand qu'on était plus accablé par l'adversité !

L'année 1814 peut être une source d'instruction pour tous les peuples, pour tous les souverains, pour la France en général, et tous les rangs en particulier ; les grandes questions politiques ont été offertes aux méditations de toute la France, et examinées par de très bons esprits. Les moindres particuliers ont été à même de se former des idées exactes sur la nature des gouvernemens et sur les élémens constitutifs de celui qui est le plus en harmonie avec les nations modernes, et le plus capable de les rendre tranquilles. Le système représentatif que nous avons éprouvé en partie selon la charte de Louis XVIII, n'a pas peu contribué d'ailleurs à nous faire sentir l'excellence de cette constitution britannique qui subsiste depuis si long-temps, sans aucun trouble, et quels que soient la capacité et le caractère des souverains. Le peuple français a ouvert les yeux et ne se laisserait plus abuser aujourd'hui, si jamais il se trouvait des hommes assez audacieux pour tenter de le faire. C'est aussi ce système représentatif qui est le fondement du nouveau pacte social offert en adoption à la France.

A cet égard, je ne puis m'empêcher de présenter ici une réflexion qui a frappé tous les esprits à la vue de cet acte intitulé : *Addition aux actes constitutionnels*, etc. Je vois avec peine que Napoléon ne veuille pas se soumettre sans détour à une constitution complète par elle-même. La restriction qu'il apporte à ses grandes et pures intentions, ne pourra que compliquer la machine parlementaire. Il en est des lois publiques comme des lois civiles : il faut, autant que possible, les réunir dans un seul et même corps, et ne pas laisser subsister en partie des lois anciennes dont on puisse abuser dans des vues ultérieures.

Mais, indépendamment des raisons qu'on a présentées pour ramener les Français sous les bannières impériales, il en existe une plus péremptoire dans la considération de l'invasion que nous avons à redouter pour changer de gouvernement. Rien n'est plus cruel pour un peuple qu'une guerre intérieure : elle a pour résultat presqu'inévitable la violation des propriétés, et souvent le soulèvement et le massacre de beaucoup d'habitans, l'incendie des villes et des campagnes, le régime des dénonciations particulières et de l'assouvissement des vengeances. La France qui, jusqu'à ces derniers temps, était, si j'ose m'exprimer ainsi, restée vierge sous ce rapport par la vaillance de ses défenseurs, a connu une partie des maux d'une invasion, et a gémi d'acheter à ce prix la fin d'un gouvernement qui l'avait épuisée. Aussi paraît-elle aujourd'hui disposée à repousser les étrangers qui tendraient encore à l'envahir. Ce remède est sans contredit effrayant; mais enfin les choses en sont là. Placée au milieu de deux gouffres, la France n'a qu'à opter entre les armes à prendre contre les alliés, et les maux que l'humanité de ces derniers ne pourrait jamais éviter. Elle se trouve avoir à choisir entre un prince ferme, instruit par d'inouïs revers, qui manifeste le désir de faire connaître en réalité à la France la liberté constitutionnelle; et un roi toujours malheureux, qui, dans l'opinion de Napoléon lui-même, ne voulait et ne faisait personnellement que du bien, mais qui ne sut pas choisir des ministres aussi sages que lui. Pour conserver le premier, il faut toute la France en armes : pour obtenir le second, il faut souffrir les maux d'une invasion.

Je gémis de voir ma patrie réduite à cette horrible alternative, et tous les citoyens tranquilles et bien intentionnés gémissent en même temps. Encore si les malheureux Français ne contribuaient par eux-mêmes à se précipiter dans l'abîme! Exposés à une invasion étrangère, ils sont en outre en proie à toutes sortes de dissentions civiles. *Nisi dissenserint, vix galli vinci possent*, disait Tacite de nos ancêtres. Les fureurs de la ligue, celles de la fronde, celles de 1793, et nos maux d'aujourd'hui sont des fureurs et des maux que nous nous procurons nous-mêmes. La patrie semble toujours se rapprocher de Saturne qui dévorait ses propres enfans. J'entends dans toute la France des gens qui se disent réciproquement royalistes, orléanistes, républicains, bonapartistes, etc., etc. Il y en a dans chacun de ces partis, qui vont jusqu'à jurer la guerre à ce qu'ils accusent d'être du parti contraire. Les insensés, qu'ils s'arrêtent! sans quoi le mal est à son comble. Tout le monde veut le bien, mais tout le monde le voit diversement. Aucun Français ne peut vouloir les maux de sa patrie, sans quoi il serait un monstre; mais il y a beaucoup de gens qui s'aveuglent. Qu'on se réunisse d'intérêts, et la patrie est sauvée. Faut-il que notre belle France ne sorte jamais d'un péril que pour tomber dans un autre? Qu'avez-vous fait, Français généreux et magnanimes, pour mériter ainsi le malheur? La providence a-t-elle donc pris à tache de tourner constamment son glaive contre vous? devez-vous servir de leçon aux nations à venir, par les maux que vous souffrez depuis tant d'années?

Vous avez depuis long-temps aussi abandonné la religion protectrice des mœurs et de la paix.

« *Si in præceptis meis ambulaveritis.... dabo pacem in finibus vestris....* Dormietis, et non erit qui exterreat...... et gladius non transihit terminos vestros.....

» *Si spreveritis leges meas,... ad irritum perducatis pactum meum.* »

(Levitico, *cap.* XXVI, ℣. *3, 6, 15.*)

A Dijon, de l'imprimerie de Bernard-Defay.

www.ingramcontent.com/pod-product-compliance
Lightning Source LLC
Chambersburg PA
CBHW060928050426
42453CB00010B/1907